# Python

# Sommario

# Capitolo 1: Computer e Programmi

Quasi tutti hanno utilizzato un computer nella loro vita. Probabilmente hai giocato ai videogiochi o usato un computer per scrivere un testo o per accedere alla tua banca via Internet. I computer vengono utilizzati per prevedere il meteo, progettare aeroplani, realizzare film, gestire attività commerciali, eseguire transazioni finanziarie e controllare le fabbriche. Ti sei mai fermato a chiederti cosa sia esattamente un computer? Come può un dispositivo eseguire così tante attività diverse? Queste domande di base sono il punto di partenza per l'apprendimento dei computer e della programmazione.

Un computer moderno può essere definito come "una macchina che memorizza e manipola le informazioni sotto il controllo di un programma modificabile". Ci sono due elementi chiave in questa definizione. Il primo è che i computer sono dispositivi per manipolare le informazioni.

Ciò significa che possiamo inserire le informazioni in un computer e questo può trasformarle in nuove forme utili e quindi produrre o visualizzare le informazioni per la nostra interpretazione. I computer non sono le uniche macchine che manipolano le informazioni, infatti, quando si utilizza una semplice calcolatrice per sommare una colonna di numeri, si immettono informazioni (i numeri) e la calcolatrice elabora le informazioni per calcolare una somma parziale che viene quindi visualizzata.

Un altro semplice esempio è una pompa di benzina. Mentre riempi il serbatoio, la pompa utilizza determinati input: il prezzo corrente del carburante per litro e la velocità del carburante che scorre nella tua auto. La pompa trasforma questo input in informazioni su quanto carburante hai preso e quanto devi pagare. Non considereremmo né il calcolatore né la pompa di benzina come computer a tutti gli effetti, sebbene le versioni moderne di questi dispositivi possano effettivamente contenere computer incorporati. Sono diversi dai computer in quanto sono progettati per eseguire un singolo compito specifico. È qui che entra in gioco la seconda parte della nostra definizione: i computer operano sotto il controllo di un programma modificabile. Cosa significa esattamente questo? Un programma per computer è una serie di istruzioni dettagliate che dicono esattamente cosa fare. Se cambiamo il programma, il computer esegue una diversa sequenza di azioni e quindi esegue un'attività diversa.

È questa flessibilità che consente al tuo PC di essere un momento un elaboratore di testi, il momento successivo un pianificatore finanziario e in seguito un videogioco. La macchina rimane la stessa, ma cambia il programma che controlla la macchina. Ogni computer è solo una macchina per eseguire programmi ed esistono molti tipi diversi di computer. Potresti avere familiarità con Macintosh e PC, ma ci sono letteralmente migliaia di altri tipi di computer sia reali che teorici.

Una delle scoperte notevoli dell'informatica è la consapevolezza che tutti questi diversi computer hanno la stessa potenza; con una programmazione adeguata, ogni computer può fondamentalmente fare tutte le cose che qualsiasi altro computer può fare. In questo senso, il PC che potresti avere seduto sulla tua scrivania è davvero una macchina universale. Può fare tutto ciò che desideri, a condizione che tu possa descrivere l'attività da svolgere in modo sufficientemente dettagliato. Renditi conto della potenza del tuo notebook.

Hai già imparato un'importante lezione di informatica: il software (programmi) governa l'hardware (la macchina fisica). È il software che determina cosa può fare qualsiasi computer. Senza software, i computer sarebbero solo costosi fermacarte. Il processo di creazione del software si chiama programmazione e questo è l'obiettivo principale di questo libro. La programmazione del computer è un'attività impegnativa, infatti, una buona programmazione richiede la capacità di vedere il quadro generale prestando attenzione ai minimi dettagli.

Non tutti hanno il talento per diventare un programmatore di prima classe, così come non tutti hanno le capacità per essere un atleta professionista. Tuttavia, praticamente chiunque può imparare a programmare i computer. Con un po' di pazienza e impegno da parte tua, questo libro ti aiuterà a diventare un programmatore. Ci sono molte buone ragioni per imparare a programmare. La programmazione è una parte fondamentale dell'informatica ed è, quindi, importante per chiunque sia interessato a diventare un professionista del computer.

I computer sono diventati uno strumento comune nella nostra società e la comprensione dei punti di forza e dei limiti di questo strumento richiede una comprensione della programmazione. I non programmatori spesso si sentono schiavi dei loro computer mentre i programmatori, tuttavia, hanno davvero il controllo. Se vuoi diventare un utente più intelligente dei computer, allora questo libro fa per te. La programmazione può anche essere molto divertente, è un'attività intellettualmente coinvolgente che consente alle persone di esprimersi attraverso creazioni utili e talvolta straordinariamente belle.

Che tu ci creda o no, molte persone scrivono programmi per computer come hobby. La programmazione sviluppa anche preziose capacità di problem solving, in particolare la capacità di analizzare sistemi complessi riducendoli a interazioni di sottosistemi comprensibili. Come probabilmente saprai, i programmatori sono molto richiesti e diversi studenti hanno trasformato un paio di corsi di programmazione per computer in una carriera redditizia.

I computer sono così comuni nel mondo degli affari oggi che la capacità di comprendere e programmare i computer potrebbe darti un vantaggio sulla concorrenza, indipendentemente dalla tua occupazione.

# Capitolo 2: Linguaggi di programmazione

Ricorda che un programma è solo una sequenza di istruzioni che dicono a un computer cosa fare. Ovviamente, dobbiamo fornire quelle istruzioni in una lingua che un computer possa capire. Sarebbe bello se potessimo dire a un computer cosa fare usando la nostra lingua madre, come fanno nei film di fantascienza. ("Computer, quanto tempo ci vorrà per raggiungere il pianeta Nettuno?")

Sfortunatamente, nonostante i continui sforzi di molti scienziati informatici di alto livello, progettare un computer per comprendere appieno il linguaggio umano è ancora un problema irrisolto. Anche se i computer potessero capirci, i linguaggi umani non sono molto adatti per descrivere algoritmi complessi perché il linguaggio naturale è irto di ambiguità e imprecisioni.

Ad esempio, se dicessi: "Ho visto l'uomo nel parco con il telescopio", intendo dire che io avevo il telescopio o che era l'uomo che lo aveva? E chi c'era nel parco? Ci capiamo la maggior parte del tempo solo perché tutti gli esseri umani condividono un vasto bagaglio di conoscenze ed esperienze comuni. Gli informatici hanno aggirato questo problema progettando notazioni per esprimere calcoli in modo esatto e non ambiguo, queste notazioni speciali sono chiamate linguaggi di programmazione.

Ogni struttura in un linguaggio di programmazione ha una forma precisa (la sua sintassi) e un significato preciso (la sua semantica). Un linguaggio di programmazione è qualcosa come un codice per scrivere le istruzioni che un computer seguirà. In effetti, i programmatori spesso si riferiscono ai loro programmi come codice e il processo di scrittura di un algoritmo in un linguaggio di programmazione è chiamato codifica. Python è un esempio di linguaggio di programmazione ed è il linguaggio che useremo in questo libro.

Potresti aver sentito parlare di altri linguaggi, come C++, Java, Perl, Scheme o BASIC e, sebbene questi linguaggi differiscano in molti dettagli, condividono tutti la proprietà di avere una sintassi e una semantica ben definite e inequivocabili. Anche i linguaggi tendono ad evolversi nel tempo e tutti i linguaggi appena menzionati sono esempi di linguaggi per computer di alto livello. Sebbene siano precisi, sono progettati per essere utilizzati e compresi dagli esseri umani.

A rigor di termini, l'hardware del computer può comprendere solo un linguaggio di livello molto basso noto come linguaggio macchina. Supponiamo di voler sommare due numeri: le istruzioni che la CPU esegue effettivamente potrebbero essere qualcosa del genere: carica il numero dalla posizione di memoria 2001 nella CPU, carica il numero dalla posizione di memoria 2002 nella CPU, somma i due numeri nella CPU e memorizza il risultato nella posizione 2003.

Sembra un sacco di lavoro per sommare due numeri, non è vero? In realtà, è ancora più complicato di così perché le istruzioni e i numeri sono rappresentati in notazione binaria (come sequenze di 0 e 1). In un linguaggio di alto livello come Python, la somma di due numeri può essere espressa in modo più naturale: c = a + b.

È molto più facile da capire per noi, ma abbiamo bisogno di un modo per tradurre il linguaggio di alto livello nel linguaggio macchina che il computer può eseguire.

Ci sono due modi per farlo: un linguaggio di alto livello può essere compilato o interpretato. Un compilatore è un programma per computer complesso che prende un altro programma scritto in un linguaggio di alto livello e lo traduce in un programma equivalente nel linguaggio macchina di un computer.

Il programma di alto livello è chiamato codice sorgente e il codice macchina risultante è un programma che il computer può eseguire direttamente.

Un interprete, invece, è un programma che simula un computer che comprende una lingua di alto livello.

Piuttosto che tradurre il programma sorgente in un equivalente in linguaggio macchina, l'interprete analizza ed esegue l'istruzione del codice sorgente riga per riga, se necessario.

La differenza tra interprete e compilatore è che la compilazione è una traduzione one-shot; una volta che un programma è stato compilato, può essere eseguito più e più volte senza bisogno del compilatore o del codice sorgente.

Nell'altro caso, l'interprete e la fonte sono necessari ogni volta che il programma viene eseguito.

I programmi compilati tendono ad essere più veloci, poiché la traduzione viene eseguita una volta per tutte ma i linguaggi interpretati si prestano a un ambiente di programmazione più flessibile poiché i programmi possono essere sviluppati ed eseguiti in modo interattivo. Il processo di traduzione evidenzia un altro vantaggio che i linguaggi di alto livello hanno rispetto al linguaggio macchina: la portabilità.

Il linguaggio macchina di un computer viene creato dai progettisti della particolare CPU. Ogni tipo di computer ha il proprio linguaggio macchina e, ad esempio, un programma per un Intel Core Duo non viene eseguito direttamente su una CPU diversa.

D'altra parte, un programma scritto in un linguaggio di alto livello può essere eseguito su molti diversi tipi di computer purché ci sia un compilatore o un interprete adatto (che è solo un altro programma).

Di conseguenza, posso eseguire lo stesso identico programma Python sul mio laptop e sul mio PC desktop; anche se hanno CPU differenti, entrambi hanno un interprete Python.

# Capitolo 3: Il bello di Python

Ora che hai tutti i dettagli tecnici, è ora di iniziare a divertirti con Python. L'obiettivo finale è fare in modo che il computer esegua i nostri ordini. A tal fine, scriveremo programmi che controllano i processi computazionali all'interno della macchina. Hai già visto che non c'è magia in questo processo, ma in qualche modo la programmazione sembra magia. I processi computazionali all'interno del computer sono come spiriti magici che possiamo sfruttare per il nostro lavoro. Ciò di cui abbiamo bisogno è un genio amichevole che possa dirigere gli spiriti per soddisfare i nostri desideri.

Il nostro Genie è un interprete Python e possiamo dare istruzioni all'interprete Python, che dirige gli spiriti sottostanti nel soddisfare le nostre richieste. Il modo migliore per iniziare a conoscere Python è lasciare che il nostro genio esca dalla bottiglia ed esaudisca alcuni desideri. Puoi avviare l'interprete Python in modalità interattiva e digitare alcuni comandi per vedere cosa succede. Quando avvii per la prima volta il programma interprete, potresti vedere qualcosa di simile al seguente:

Python 3.0 (r30: 67503, 19 gennaio 2009, 09:57:10)

[GCC 4.1.3 20070929 (prerelease) (Ubuntu 4.1.2-16ubuntu2)] su linux2

Type "help", "copyright", "credits" o "license" for more information.

>>> è un prompt di Python che indica che il nostro interprete Python sta aspettando un comando. Nei linguaggi di programmazione, un comando completo è chiamato istruzione e

un ambiente interattivo per interagire con un interprete è chiamato shell dei comandi o semplicemente shell. Ecco un esempio di interazione con una shell Python:

```
>>> print ("Benvenuto!")

Benvenuto!

>>> print (2 + 3)

5

>>> print ("2 + 3 =", 2 + 3)

2 + 3 = 5
```

Qui ho provato tre esempi usando l'istruzione print di Python. La prima istruzione chiede a Python di visualizzare la parola "Benvenuto!". Python risponde nella riga successiva stampando la parola data in input. La seconda istruzione print chiede a Python di stampare la somma di 2 e 3 e la terza print combina queste due idee. Python stampa la parte tra virgolette 2 + 3 = seguita dal risultato dell'aggiunta di 2 + 3, che è 5. Questo tipo di interazione della shell è un ottimo modo per provare cose nuove in Python. Frammenti di sessioni interattive sono disseminati in questo libro.

Quando vedi il prompt di Python >>> in un esempio, dovrebbe farti capire che viene illustrata una sessione interattiva. È una buona idea avviare la tua shell Python e provare gli esempi. Di solito vogliamo andare oltre i frammenti di una riga ed eseguire un'intera sequenza di affermazioni. Python ci consente di mettere insieme una sequenza di istruzioni per creare un comando o una funzione completamente nuovi. Ecco un esempio di creazione di una nuova funzione chiamata benvenuto:

```
>>> def benvenuto ():
```

```python
print ("Benvenuto")

print ("Python ti piacerà!")
```

```
>>>
```

La prima riga dice a Python che stiamo definendo una nuova funzione e la chiamiamo benvenuto. Le righe seguenti sono rientrate per mostrare che fanno parte della funzione. (Nota: alcune shell stamperanno dei puntini di sospensione ["..."] all'inizio delle linee rientrate). La riga vuota alla fine (ottenuta premendo due volte il tasto <Invio>) fa sapere a Python che la definizione è terminata e la shell risponde con un altro prompt. Si noti che la digitazione della definizione non ha fatto sì che Python stampasse ancora nulla.

Abbiamo detto a Python cosa dovrebbe accadere quando la funzione benvenuto viene usata come comando; in realtà non abbiamo ancora chiesto a Python di eseguirla. Una funzione viene invocata (o chiamata) digitando il suo nome seguito da parentesi. Ecco cosa succede quando usiamo il nostro comando benvenuto:

>>> benvenuto ()

Benvenuto

Python ti piacerà!

>>>

Vedi cosa fa? Le due istruzioni print dalla definizione della funzione vengono eseguite in sequenza. Forse ti starai chiedendo delle parentesi nella definizione e nell'uso di benvenuto. I comandi possono avere parti modificabili chiamate parametri (o anche argomenti) che vengono inserite tra parentesi.

Diamo un'occhiata a un esempio di saluto personalizzato utilizzando un parametro. Prima la definizione:

```
>>> def saluta (persona):

        print ("Ciao", persona)

        print ("Come stai?")
```

Ora possiamo usare il nostro saluto personalizzato:

```
>>> saluta ("Marco")

Ciao Marco

Come stai?

>>> saluta ("Ettore")

Ciao Ettore

Come stai?

>>>
```

Riesci a vedere cosa sta succedendo qui? Quando si utilizza questa funzione, è possibile inviare nomi diversi per personalizzare il risultato.

Potresti anche notare che questo è simile alle dichiarazioni di stampa di prima. In Python, print è un esempio di una funzione incorporata e quando la invochiamo, i parametri tra parentesi dicono alla funzione cosa stampare.

Per il momento la cosa importante da ricordare è che le parentesi devono essere incluse dopo il nome della funzione ogni volta che vogliamo eseguire una funzione. Questo è vero anche quando non vengono forniti parametri. Ad esempio, è possibile creare una riga di output vuota utilizzando la stampa senza alcun parametro.

```
>>> print ()

>>>
```

Se digiti solo il nome della funzione, omettendo le parentesi, la funzione non verrà effettivamente eseguita. Invece, una sessione interattiva di Python mostrerà un output che indica a quale funzione si riferisce quel nome, come mostra questa interazione:

```
>>> saluta <function saluta at 0x8393aec>

>>> print <built-in function print>
```

Il testo 0x8393aec è la posizione (indirizzo) nella memoria del computer in cui viene memorizzata la definizione della funzione saluta. Se lo stai provando sul tuo computer, quasi sicuramente vedrai un indirizzo diverso. Un problema con l'immissione di funzioni in modo interattivo in una shell Python come abbiamo fatto con gli esempi è che le definizioni vengono perse quando si esce dalla shell. Se vogliamo usarle di nuovo la prossima volta, dobbiamo digitarle di nuovo.

I programmi vengono generalmente creati digitando le definizioni in un file separato chiamato modulo o script. Questo file viene salvato su un disco in modo che possa essere utilizzato più e più volte. Un file di modulo è solo un file di testo e puoi crearne uno utilizzando qualsiasi programma per modificare il testo, come blocco note o un programma di elaborazione testi (a condizione di salvare il programma come file di "testo normale").

Un tipo speciale di programma noto come ambiente di programmazione semplifica il processo. Un ambiente di programmazione è progettato specificatamente per aiutare i programmatori a scrivere programmi e include funzioni come il rientro automatico, l'evidenziazione delle parentesi e lo sviluppo interattivo. La distribuzione standard di Python include un ambiente di programmazione chiamato IDLE che puoi usare per lavorare sui programmi in questo libro.

Illustriamo l'uso di un file modulo scrivendo ed eseguendo un programma completo. Il nostro programma illustrerà un concetto matematico noto come caos. Ecco il programma così come lo digiteremmo in IDLE o in qualsiasi altro editor e salveremo in un file di modulo:

```
# File: caos.py

# Un semplice programma che illustra il caos.

def main ():

  print ("Questo programma illustra una funzione caos")

  x = eval (input ("Inserisci un numero compreso tra 0 e 1:"))

  for i in range(10):
```

```
    x = 3,9 * x * (1 - x)

    print (x)

main()
```

Questo file dovrebbe essere salvato con il nome caos.py dove l'estensione .py indica che questo è un modulo Python. Puoi vedere che questo particolare esempio contiene righe per definire una nuova funzione chiamata main. (I programmi sono spesso inseriti in una funzione chiamata main). L'ultima riga del file è il comando per richiamare questa funzione. Non preoccuparti se non capisci cosa fa effettivamente main; ne parleremo a breve.

Il punto qui è che una volta che abbiamo un programma in un file di modulo, possiamo eseguirlo ogni volta che vogliamo. Questo programma può essere eseguito in diversi modi che dipendono dal sistema operativo effettivo e dall'ambiente di programmazione in uso. Se stai utilizzando un sistema a finestre, puoi eseguire un programma Python facendo clic (o doppio clic) sull'icona del file del modulo. Da riga di comando, potresti digitare un comando come python caos.py.

Se stai usando IDLE (o un altro ambiente di programmazione) puoi eseguire un programma aprendolo nell'editor e quindi selezionando un comando come import, run o execute. Un metodo che dovrebbe sempre funzionare è avviare una shell Python e quindi importare il file. Ecco come appare:

>>> import caos

Questo programma illustra una funzione caos

Inserisci un numero compreso tra 0 e 1: .25

0,73125

0,76644140625

0,698135010439

0,82189581879

0,570894019197

0,955398748364

0,166186721954

0,540417912062

0,9686289303

0,1185090176

0,9686289303

0,1185090176

>>>

Scrivendo import nella prima riga si carica il modulo caos dal file caos.py nella memoria principale.

Nota bene che non ho incluso l'estensione .py nella riga di import; Python presume che il modulo avrà un'estensione .py. Dopo aver importato il file del modulo, Python esegue ogni riga. Questo equivale a digitare quei comandi uno per uno nel prompt interattivo di Python. Il def nel modulo fa sì che Python crei la funzione principale.

Quando Python incontra l'ultima riga del modulo, viene richiamata la funzione main, eseguendo così il nostro programma. Il programma in esecuzione chiede all'utente di inserire un numero compreso tra 0 e 1 (in questo caso ho digitato ".25") e poi stampa una serie di 10 numeri. Quando importi per la prima volta un file di modulo in questo modo, Python crea un file associato con un'estensione .pyc. In questo esempio, Python crea un altro file sul disco chiamato caos.pyc.

Questo è un file intermedio utilizzato dall'interprete Python. Tecnicamente, Python utilizza un processo ibrido di compilazione / interpretazione e il sorgente Python nel file del modulo viene compilato in istruzioni più primitive chiamate bytecode. Questo file di bytecode (il .pyc) viene quindi interpretato pertanto avere un file .pyc disponibile rende l'importazione di un modulo più veloce la seconda volta.

Tuttavia, è possibile eliminare i file del bytecode se si desidera risparmiare spazio su disco; Python li ricrea automaticamente quando necessario. Un modulo deve essere importato in una sessione solo una volta e, dopo che il modulo è stato caricato, possiamo eseguire nuovamente il programma chiedendo a Python di eseguire il comando principale.

Lo facciamo usando la cosiddetta "dot notation": digitando caos.main() si indica a Python di invocare la funzione principale nel modulo caos. Continuando con il nostro esempio, ecco come appare quando eseguiamo nuovamente il programma con .26 come input:

```
>>> caos.main()
```

Questo programma illustra una funzione caos

Immettere un numero compreso tra 0 e 1: .26

0.75036

0.73054749456

0.767706625733

0.6954993339

0.825942040734

0.560670965721

0.960644232282

0.147446875935

0.490254549376

0.974629602149

>>>

# Capitolo 4: Un programma Python

L'output del programma caos potrebbe non sembrare molto interessante ma illustra un fenomeno molto interessante noto a fisici e matematici. Diamo un'occhiata a questo programma riga per riga e vediamo cosa fa. Non preoccuparti di comprendere subito ogni dettaglio; ritorneremo su tutte queste idee in seguito. Le prime due righe del programma iniziano con il carattere #:

```
# File: caos.py
```

```
# Questo programma illustra una funzione caos
```

Queste righe sono chiamate commenti e sono destinati a chi leggerà il programma e vengono ignorati da Python. L'interprete Python salta sempre qualsiasi testo preceduto dal segno del cancelletto (#) fino alla fine della riga. La riga successiva del programma inizia la definizione di una funzione chiamata main:

```
def main():
```

A rigor di termini, non sarebbe necessario creare una funzione main. Poiché le righe di un modulo vengono eseguite mentre vengono caricate, avremmo potuto scrivere il nostro programma senza questa definizione, ovvero, il modulo avrebbe potuto assomigliare a questo:

```
# File: caos.py
# Questo programma illustra una funzione caos
print("Questo programma illustra una funzione caos")
x = eval(input("Immettere un numero compreso tra 0 e 1: "))
```

```python
for i in range(10):

    x = 3.9 * x * (1 - x)

    print(x)
```

Questa versione è un po' più breve ma è consuetudine inserire le istruzioni che compongono un programma all'interno di una funzione chiamata main. Un vantaggio immediato di questo approccio è stato illustrato sopra; ci permette di eseguire il programma semplicemente invocando caos.main().

Non è necessario riavviare la shell Python per eseguirla di nuovo, cosa che sarebbe necessaria nel caso senza main. La prima riga all'interno di main è davvero l'inizio del nostro programma.

```python
print("Questo programma illustra una funzione caos")
```

Questa riga fa in modo che Python stampi un messaggio che introduce il programma quando viene eseguito. Dai un'occhiata alla prossima riga del programma:

```
x = eval(input("Immettere un numero compreso tra 0 e 1: "))
```

Qui x è un esempio di una variabile. Una variabile viene utilizzata per dare un nome a un valore in modo che possiamo fare riferimento ad esso in altri punti del programma. L'intera riga è un'istruzione per ottenere un input dall'utente e, in realtà, ci sono un po' di nozioni in questa riga ma per ora, devi solo sapere cosa realizza.

Quando Python arriva a questa istruzione, visualizza il messaggio tra virgolette e quindi si ferma, aspettando che l'utente digiti qualcosa sulla tastiera e prema il tasto <Invio>. Il valore digitato dall'utente viene quindi memorizzato come variabile x. Nel primo esempio mostrato sopra, l'utente ha immesso .25, che diventa il valore di x. La frase successiva è un esempio di un ciclo o iterazione.

```
for i in range(10):
```

Un ciclo è un costrutto che dice a Python di fare la stessa cosa più e più volte e questo particolare ciclo dice di fare qualcosa 10 volte.

Le linee rientrate sotto l'intestazione del ciclo sono le istruzioni che vengono eseguite 10 volte e formano il corpo del ciclo.

```
x = 3.9 * x * (1 - x)

print(x)
```

L'effetto del ciclo è equivalente a scrivere il corpo del ciclo 10 volte:

```python
x = 3.9 * x * (1 - x)

print(x)

x = 3.9 * x * (1 - x)

print(x)

x = 3.9 * x * (1 - x)

print(x)

x = 3.9 * x * (1 - x)

print(x)

x = 3.9 * x * (1 - x)

print(x)

x = 3.9 * x * (1 - x)

print(x)

x = 3.9 * x * (1 - x)

print(x)
```

```python
x = 3.9 * x * (1 - x)

print(x)

x = 3.9 * x * (1 - x)

print(x)

x = 3.9 * x * (1 - x)

print(x)
```

Ovviamente, usare il ciclo risparmia al programmatore molti problemi. Ma cosa fanno esattamente queste affermazioni? Il primo esegue un calcolo.

```python
x = 3.9 * x * (1 - x)
```

Questa è chiamata dichiarazione di assegnazione. La parte a destra di = è un'espressione matematica e Python usa il carattere * per indicare la moltiplicazione. Ricorda che il valore di x è 0,25 (dall'input sopra). Il valore calcolato è 3,9 * (0,25) * (1 -

0,25) ovvero 0,73125. Una volta calcolato il valore a destra, viene salvato come (o assegnato a) la variabile che appare a sinistra di =, in questo caso x.

Il nuovo valore di x (0,73125) sostituisce il vecchio valore (0,25). La seconda riga nel corpo del ciclo è un tipo di istruzione che abbiamo incontrato prima, un'istruzione print.

    print(x)

Quando Python esegue questa istruzione, il valore corrente di x viene visualizzato sullo schermo. Quindi, il primo numero di output è 0,73125. Ricorda che il ciclo viene eseguito 10 volte e dopo aver stampato il valore di x, le due istruzioni del ciclo vengono eseguite nuovamente.

    x = 3.9 * x * (1 - x)

    print x

Ovviamente, ora x ha il valore 0,73125, quindi la formula calcola un nuovo valore di x come 3,9 * (0,73125) * (1– 0,73125) che è pari a 0,76644140625. Riesci a vedere come viene utilizzato il valore corrente di x per calcolare un nuovo valore ogni volta nel ciclo?

Ecco da dove provengono i numeri nell'esempio eseguito. Potresti provare a eseguire tu stesso i passaggi del programma per un valore di input diverso (ad esempio 0,5). Quindi esegui il programma usando Python e controlla se i risultati corrispondono.

Ho detto sopra che il programma caos illustra un fenomeno interessante e cosa potrebbe essere interessante in uno schermo pieno di numeri? Se provi tu stesso il programma, scoprirai che, indipendentemente dal numero con cui inizi, i risultati sono sempre simili: il programma restituisce 10 numeri apparentemente casuali compresi tra 0 e 1.

Mentre il programma viene eseguito, il valore di x sembra saltare qua e là in modo confuso. La funzione calcolata da questo programma ha la forma generale: k(x)(1 - x), dove k in questo caso è 3,9. Questa è chiamata funzione logistica e modella alcuni tipi di circuiti elettronici instabili e talvolta viene anche utilizzata per prevedere la popolazione in condizioni limitanti. L'applicazione ripetuta della funzione logistica può produrre caos.

Sebbene il nostro programma abbia un comportamento sottostante ben definito, l'output sembra imprevedibile. Una proprietà interessante delle funzioni caotiche è che differenze molto piccole nel valore iniziale possono portare a grandi differenze nel risultato quando la formula viene applicata ripetutamente. Puoi vederlo nel programma caos inserendo numeri che differiscono solo di una piccola quantità. Con valori iniziali molto simili, gli output rimangono simili per alcune iterazioni, ma poi differiscono notevolmente.

Verso la quinta iterazione, sembra non esserci più alcuna relazione tra i due modelli. Queste due caratteristiche del nostro programma caos, l'apparente imprevedibilità e l'estrema sensibilità ai valori iniziali, sono le caratteristiche del comportamento caotico. Il caos ha importanti implicazioni per l'informatica. Si scopre che molti fenomeni nel mondo reale che potremmo voler modellare e prevedere con i nostri computer mostrano proprio questo tipo di comportamento caotico.

Potresti aver sentito parlare del cosiddetto "effetto farfalla". I modelli informatici utilizzati per simulare e prevedere i modelli meteorologici sono così sensibili che l'effetto di una singola farfalla che sbatte le ali a New York potrebbe fare la differenza se a Roma è prevista o meno la pioggia. È molto probabile che, anche con una perfetta modellazione al computer, non saremo mai in grado di misurare le condizioni meteorologiche esistenti in modo sufficientemente accurato da prevedere il meteo con più di qualche giorno d'anticipo.

Le misurazioni semplicemente non possono essere abbastanza precise da rendere le previsioni accurate su un arco di tempo più lungo. Come puoi vedere, questo piccolo programma ha una lezione preziosa da insegnare agli utenti dei computer. Per quanto sorprendenti siano i computer, i risultati che ci danno sono utili solo quanto i modelli matematici su cui si basano i programmi. I computer possono fornire risultati errati a causa di errori nei programmi ma anche dei programmi corretti possono produrre risultati errati se i modelli sono sbagliati o gli input iniziali non sono sufficientemente accurati.

# Capitolo 5: Sviluppo del software

Come hai visto nei capitoli precedenti, è facile eseguire programmi che sono già stati scritti. La parte più difficile è in realtà inventare un programma in primo luogo. I computer sono molto precisi e bisogna indicare loro cosa fare fin nei minimi dettagli. Scrivere programmi di grandi dimensioni è una sfida scoraggiante e sarebbe quasi impossibile senza un approccio sistematico. Il processo di creazione di un programma è spesso suddiviso in fasi in base alle informazioni prodotte in ciascuna fase. In poche parole, ecco cosa dovresti fare:

- Analizza il problema ovvero scopri esattamente qual è il problema da risolvere. Cerca di capirlo ed analizzarlo il più possibile perché fino a quando non sai veramente qual è il problema, non puoi iniziare a risolverlo.

- Determina le specifiche ovvero descrivi esattamente cosa farà il tuo programma. In questa fase, non dovresti preoccuparti di come funzionerà il tuo programma, ma piuttosto decidere esattamente cosa realizzerà. Per i programmi semplici, ciò implica la descrizione accurata di quali saranno gli input e gli output del programma e come si relazioneranno tra loro.

- Crea un progetto: formula la struttura generale del programma. È qui che viene elaborato il come del programma e il compito principale è progettare gli algoritmi che soddisfano le specifiche.

- Implementa il progetto cioè traduci il progetto in un linguaggio per computer e inseriscilo nel computer. In questo libro, implementeremo i nostri algoritmi come programmi Python.

- Testa / esegui il debug del programma ovvero prova il programma con diverse condizioni per vedere se funziona come previsto. Se ci sono errori (spesso chiamati bug), dovresti tornare indietro e risolverli. Il processo di individuazione e correzione degli errori è chiamato debug di un programma. Durante la fase di debug, il tuo obiettivo è trovare gli errori, quindi dovresti provare tutto ciò che potrebbe "rompere" il programma. È bene tenere a mente la vecchia massima: "Niente è infallibile perché gli sciocchi sono troppo ingegnosi".

- Manutenere il programma cioè continuare a sviluppare il programma in risposta alle esigenze dei propri utenti. La maggior parte dei programmi non sono mai veramente finiti ma continuano ad evolversi negli anni di utilizzo.

Esaminiamo le fasi del processo di sviluppo del software con un semplice esempio del mondo reale che coinvolge una studentessa di informatica immaginaria, Susanna. Susanna sta trascorrendo un anno in Germania per motivi di studio, non ha problemi con il linguaggio poiché parla correntemente molte lingue (incluso Python). Il suo problema è che ha difficoltà a capire la temperatura al mattino in modo da sapere come vestirsi per la giornata.

Susanna ascolta il bollettino meteorologico ogni mattina ma le temperature sono espresse in gradi Celsius, lei è abituata ai Fahrenheit. Fortunatamente, Susanna ha un'idea per risolvere il problema ed avendo una laurea in informatica, non va mai da nessuna parte senza il suo computer portatile. Pensa che potrebbe essere possibile realizzare un programma per computer che possa aiutarla.

Susanna inizia con un'analisi del suo problema anche se, in questo caso, il problema è abbastanza chiaro: l'annunciatore radiofonico fornisce le temperature in gradi Celsius, ma Susanna comprende solo le temperature che sono in gradi Fahrenheit. Susanna considera le specifiche di un programma che potrebbe aiutarla. Quale dovrebbe essere l'input?

Decide che il suo programma le permetterà di digitare la temperatura in gradi Celsius. E l'output? Il programma visualizzerà la temperatura convertita in gradi Fahrenheit. Ora deve specificare l'esatta relazione tra l'output e l'input. Susanna fa un rapido calcolo e ricorda che 0 gradi Celsius equivalgono a 32 gradi Fahrenheit e 100 gradi Celsius equivalgono a 212 Fahrenheit. Con queste informazioni, calcola il rapporto tra Fahrenheit e gradi Celsius come (212-32) / (100-0) = 180/100 = 9/5.

Usando F per rappresentare la temperatura Fahrenheit e C per Celsius, la formula di conversione avrà la forma F = 9/5C + k per qualche costante k. Inserendo 0 e 32 rispettivamente per C e F, Susanna vede immediatamente che k = 32. Quindi, la formula finale per la relazione è F = 9/5C + 32. Si noti che questo descrive uno dei tanti possibili programmi che potrebbero risolvere questo problema.

Se Susanna avesse esperienza nel campo dell'intelligenza artificiale (AI), potrebbe prendere in considerazione la possibilità di scrivere un programma che ascolti l'annunciatore radiofonico per ottenere la temperatura corrente utilizzando algoritmi di riconoscimento vocale. Per l'output, potrebbe far controllare al computer un robot che va nel suo armadio e sceglie un vestito appropriato in base alla temperatura convertita. Questo sarebbe un progetto molto più ambizioso, per non dire altro!

Lo scopo della specifica è decidere esattamente cosa farà questo particolare programma per risolvere un problema. Susanna è ora pronta per progettare un algoritmo per il suo problema e si rende immediatamente conto che si tratta di un semplice algoritmo che segue uno schema standard: Input, Process, Output (IPO). Il suo programma richiederà all'utente alcune informazioni di input (la temperatura Celsius), le elaborerà per convertirle in una temperatura Fahrenheit e quindi produrrà il risultato visualizzandolo sullo schermo del computer. Susanna potrebbe scrivere il suo algoritmo in un linguaggio informatico come Python, ecco il suo risultato:

```python
# convertiTemp.py

# Un programma per convertire le temperature Celsius in Fahrenheit

# fatto da: Susanna

def main():

  celsius = eval(input("Qual è la temperatura Celsius? "))

  fahrenheit = 9/5 * celsius + 32

  print("La temperatura è di ", fahrenheit, " gradi Fahrenheit.")


main()
```

Vedi se riesci a capire cosa fa ogni riga di questo programma. Non preoccuparti se alcune parti creano un po' di confusione. Dopo aver completato il suo programma, Susanna lo prova per vedere come funziona. Usa input per i quali conosce le risposte corrette ed ecco l'output di due dei suoi test:

Qual è la temperatura Celsius? 0

La temperatura è di 32.0 gradi Fahrenheit.

Qual è la temperatura Celsius? 100

La temperatura è di 212.0 gradi Fahrenheit.

Puoi vedere che Susanna ha utilizzato i valori di 0 e 100 per testare il suo programma. Sembra abbastanza soddisfacente e lei è soddisfatta della sua soluzione.

È particolarmente lieta che non sia necessario eseguire il debugging (cosa molto insolita).

# Capitolo 6: Elementi di un programma

Ora che sai qualcosa in più sulla fase di programmazione, sei quasi pronto per iniziare a scrivere programmi da solo. Prima di farlo, però, hai bisogno di una base più completa dei fondamenti di Python. Questo materiale può sembrare un po' noioso ma dovrai padroneggiare queste basi prima di immergerti in acque più profonde. Hai già visto che i nomi sono una parte importante della programmazione. Diamo nomi ai moduli (ad esempio, convertiTemp) e alle funzioni all'interno dei moduli (ad esempio, main). Le variabili vengono utilizzate per dare nomi ai valori (ad esempio, Celsius e Fahrenheit) e tecnicamente tutti questi nomi sono chiamati identificatori.

Python ha alcune regole su come vengono formati gli identificatori. Ogni identificatore deve iniziare con una lettera o un trattino basso (il carattere "_") che può essere seguito da qualsiasi sequenza di lettere, cifre o trattini bassi. Ciò implica che un singolo identificatore non può contenere spazi e secondo queste regole, tutti i seguenti sono nomi validi in Python: x, celsius, test, Test2, TestDiProva, Test_Di_prova. Gli identificatori fanno distinzione tra maiuscole e minuscole, quindi test, Test, tEst e TEST sono tutti nomi diversi in Python.

Per la maggior parte, i programmatori sono liberi di scegliere qualsiasi nome conforme a queste regole ma i bravi programmatori cercano sempre di scegliere nomi adatti a cosa stanno descrivendo. Un'altra cosa importante di cui essere consapevoli è che alcuni identificatori fanno parte di Python stesso. Queste parole sono dette parole riservate o parole chiave e non possono essere utilizzate come identificatori ordinari.

I programmi manipolano i dati. Finora, abbiamo visto due diversi tipi di dati nei nostri programmi di esempio: numeri e testo. Per ora, è sufficiente tenere presente che tutti i dati devono essere archiviati sul computer in un formato digitale e diversi tipi di dati vengono archiviati in modi diversi. I frammenti di codice del programma che producono o calcolano nuovi valori di dati sono chiamati espressioni. Il tipo di espressione più semplice è letterale ed un valore letterale viene utilizzato per indicare un valore specifico.

In caos.py puoi trovare i numeri 3.9 e 1 mentre il programma convertiTemp.py contiene 9, 5 e 32. Questi sono tutti esempi di letterali numerici e il loro significato è ovvio: 32 rappresenta il numero 32. I nostri programmi hanno anche manipolato i dati testuali in modo semplice.

Gli informatici si riferiscono ai dati testuali come stringhe e puoi pensare a una stringa come una sequenza di caratteri stampabili. Una stringa letterale è indicata in Python racchiudendo i caratteri tra virgolette ("").

Se torni indietro e guardi i nostri programmi di esempio, troverai un numero di stringhe letterali come: "Benvenuto" e "Inserisci un numero compreso tra 0 e 1:". Nota bene che le virgolette stesse non fanno parte della stringa ma sono solo il meccanismo per dire a Python di creare una stringa. Il processo di trasformazione di un'espressione in un tipo di dati sottostante è chiamato valutazione.

Quando digiti un'espressione in una shell Python, la shell valuta l'espressione e stampa una rappresentazione testuale del risultato. Considera questa piccola interazione:

```
>>> 32
32
>>> "Ciao"
'Ciao'
>>> "32"
'32'
```

Nota che quando la shell mostra il valore di una stringa, mette la sequenza di caratteri tra virgolette singole. Questo è un modo per farci sapere che il valore è in realtà testo, non un numero (o un altro tipo di dati). Nell'ultima interazione, vediamo che l'espressione "32" produce una stringa, non un numero. In questo caso, Python sta effettivamente memorizzando i caratteri "3" e "2", non una rappresentazione del numero 32.

Un semplice identificatore può anche essere un'espressione, infatti, usiamo identificatori come variabili per dare nomi ai valori. Quando un identificatore appare come un'espressione, il suo valore viene recuperato per fornire un risultato per l'espressione. Ecco un'interazione con l'interprete Python che illustra l'uso delle variabili come espressioni:

```
>>> x = 5

>>> x

5

>>> print (x)

5

>>> print (test)

Traceback (most recent call last):
```

File "<stdin>", line 1, in <module>

NameError: name 'test' is not

Per prima cosa alla variabile x viene assegnato il valore 5 (utilizzando il letterale numerico 5). Nella seconda riga di interazione, chiediamo a Python di valutare l'espressione x e, in risposta, la shell Python stampa 5 che è il valore che è stato appena assegnato a x.

Ovviamente, otteniamo lo stesso risultato quando chiediamo esplicitamente a Python di stampare x usando un'istruzione print. L'ultima interazione mostra cosa succede quando proviamo a utilizzare una variabile a cui non è stato assegnato un valore: Python non riesce a trovare un valore quindi segnala un NameError. Questo dice che non esiste alcun valore con quel nome.

La lezione importante qui è che a una variabile deve sempre essere assegnato un valore prima di poter essere utilizzata in un'espressione.

Espressioni più complesse e interessanti possono essere costruite combinando espressioni più semplici con operatori. Per i numeri, Python fornisce il normale insieme di operazioni matematiche: addizione, sottrazione, moltiplicazione, divisione e potenza. Gli operatori Python corrispondenti sono: +, -, *, / e **. Di seguito sono riportati alcuni esempi di espressioni complesse da caos.py e convertiTemp.py:

3.9 * x * (1 - x)

9/5 * celsius + 32

Gli spazi sono irrilevanti all'interno di un'espressione, infatti, l'ultima espressione avrebbe potuto essere scritta 9/5*celsius+32 e il risultato sarebbe stato esattamente lo stesso ma di solito è una buona idea inserire alcuni spazi nelle espressioni per facilitarne la lettura. Gli operatori matematici di Python obbediscono alle stesse regole di precedenza e associatività che hai imparato nelle tue lezioni di matematica, incluso l'uso delle parentesi per modificare l'ordine di valutazione. Dovresti avere pochi problemi a costruire espressioni complesse nei tuoi programmi ma tieni presente che solo le parentesi tonde sono consentite nelle espressioni numeriche, tuttavia, puoi innestarle se necessario per creare espressioni come questa:

```
((x1 - x2) / 2 * n) + (test / k ** 3)
```

A proposito, Python fornisce anche operatori per le stringhe. Ad esempio, puoi "aggiungere" stringhe.

```
>>> "Bat" + "man"
```

'Batman'

Questa si chiama concatenazione e come
puoi vedere, l'effetto è quello di creare una
nuova stringa che è il risultato dell'unione
delle due stringhe.

# Capitolo 7: Assegnare un valore

La dichiarazione di assegnazione di base ha questa forma:

<variabile> = <espressione>

Qui variabile è un identificatore e la semantica dell'assegnazione è che l'espressione sul lato destro viene valutata per produrre un valore, che viene quindi associato alla variabile denominata sul lato sinistro. Ecco alcuni esempi che abbiamo già visto:

x = 3.9 * x * (1 - x)

fahrenheit = 9 / 5 * celsius + 32

x = 5

Una variabile può essere assegnata più volte.
Conserva sempre il valore dell'assegnazione
più recente, ecco una sessione interattiva di
Python che lo dimostra:

```
>>> var = 0

>>> var

0

>>> var = 7

>>> var

7

>>> var = var + 1

>>> var

8
```

L'ultima istruzione di assegnazione mostra
come il valore corrente di una variabile può
essere utilizzato per aggiornarne il valore. In

questo caso ne ho semplicemente aggiunto uno al valore precedente. Il programma caos.py, creato in precedenza, ha fatto qualcosa di simile anche se un po' più complesso. Ricorda, i valori delle variabili possono cambiare; ecco perché vengono chiamate variabili.

A volte è utile pensare a una variabile come a una sorta di posizione di archiviazione con nome nella memoria del computer, una casella in cui possiamo inserire un valore. Quando la variabile cambia, il vecchio valore viene cancellato e ne viene scritto uno nuovo.

Le dichiarazioni di assegnazione di Python sono in realtà leggermente diverse dal concetto di "variabile come scatola". In Python, i valori possono finire ovunque nella memoria e le variabili vengono utilizzate per fare riferimento ad essi. Assegnare una variabile è come mettere uno di quei post-it gialli sul valore e dire "questa è x". Nota bene che il vecchio valore non viene cancellato da quello nuovo; la variabile passa semplicemente a fare riferimento al nuovo valore. L'effetto è come spostare il post-it da un oggetto all'altro.

A proposito, anche se l'istruzione di assegnazione non causa direttamente la cancellazione e la sovrascrittura del vecchio valore di una variabile, non devi preoccuparti che la memoria del computer venga riempita con i valori "inutilizzati".

Quando un valore non è più indicato da nessuna variabile, non è più utile e Python cancellerà automaticamente questi valori dalla memoria in modo che lo spazio possa essere utilizzato per nuovi valori. È come entrare nel tuo armadio e buttare via tutto ciò che non ha un post-it per etichettarlo. In effetti, questo processo di gestione automatica della memoria è chiamato garbage collection.

Esiste una forma alternativa dell'istruzione di assegnazione che ci consente di calcolare più valori contemporaneamente. Assomiglia a questo:

<var>, <var>, ..., <var> = <espressione>, <espressione>, ..., <espressione>

Questa è chiamata assegnazione simultanea e semanticamente, indica a Python di valutare tutte le espressioni sul lato destro e quindi assegnare questi valori alle variabili corrispondenti nominate sul lato sinistro. Ecco un esempio:

somma, differenza = x+y, x-y

Questa forma di assegnazione sembra inizialmente strana, ma può rivelarsi notevolmente utile. Ecco un esempio:

supponiamo di avere due variabili x e y, vogliamo scambiare i valori. Vuoi che il valore attualmente memorizzato in x sia in y e il valore che è attualmente in y sia memorizzato in x. All'inizio, potresti pensare che questo possa essere fatto con due semplici step:

x = y

y = x

Questo non funziona. Possiamo tracciare l'esecuzione di queste istruzioni passo dopo passo per vedere perché. Supponiamo che x e y inizino con i valori 2 e 4. Esaminiamo la logica del programma per vedere come cambiano le variabili, la sequenza seguente utilizza i commenti per descrivere cosa accade alle variabili quando vengono eseguite queste due istruzioni:

# variabili      x  y

```
# valori iniziali   2 4
```

```
x = y
```

```
# adesso          4 4
```

```
y = x
```

```
# valori finali    4 4
```

Vedi come la prima affermazione ostruisce il valore originale di x assegnandogli il valore di y? Quando assegniamo x a y nel secondo passaggio, finiamo con due copie del valore y originale. Un modo per far funzionare lo scambio è introdurre una variabile aggiuntiva che ricordi temporaneamente il valore originale di x.

```
temp = x
```

```
x = y
```

```
y = temp
```

Come puoi vedere dai valori finali di x e y, lo scambio ha avuto successo in questo caso.

Questo tipo di scambio a tre vie è comune in altri linguaggi di programmazione. In Python, l'istruzione di assegnazione simultanea offre un'alternativa molto elegante, ecco un equivalente Python:

x, y = y, x

Poiché l'assegnazione è simultanea, evita di cancellare uno dei valori originali.

# Capitolo 8: Iterazioni

Saprai già che i programmatori usano i cicli per eseguire una sequenza di istruzioni più volte in successione. Il tipo più semplice di ciclo è chiamato ciclo definito. Questo è un ciclo che verrà eseguito un numero definito di volte, cioè, nel punto del programma in cui inizia il ciclo, Python sa quante volte eseguire (o iterare) il corpo del ciclo. Ad esempio, il programma caos utilizzava un ciclo che veniva sempre eseguito esattamente dieci volte:

```
for i in range(10):

x = 3.9 * x * (1 - x)

print(x)
```

Questo particolare pattern di ciclo è chiamato ciclo contatore ed è costruito usando un'istruzione for di Python. Prima di considerare questo esempio in dettaglio, diamo un'occhiata a cosa sono i cicli for.

Il corpo del ciclo può essere qualsiasi sequenza di istruzioni Python, l'ampiezza del corpo del ciclo è indicata dal suo rientro sotto l'intestazione del ciclo. La variabile dopo la parola chiave for è chiamata indice del ciclo e assume ogni valore successivo nella sequenza e le istruzioni nel corpo vengono eseguite una volta per ogni valore. Spesso la sequenza è costituita da un elenco di valori. È importante sapere che puoi creare un semplice elenco inserendo una sequenza di espressioni tra parentesi quadre. Alcuni esempi interattivi aiutano a illustrare questa struttura che puoi utilizzare:

```python
>>> for i in [0, 1, 2, 3]:
        print(i)
```

0

1

2

3

```
>>> for dispari in [1, 3, 5, 7, 9]:
        print(dispari*dispari)
```

1

9

25

49

81

Riesci a vedere cosa sta succedendo in questi due esempi? Il corpo del ciclo viene eseguito utilizzando ogni valore successivo nell'elenco.

La lunghezza dell'elenco determina il numero di volte in cui viene eseguito il ciclo. Nel primo esempio, l'elenco contiene i quattro valori da 0 a 3 e questi valori successivi di i vengono semplicemente stampati.

Nel secondo esempio, dispari assume i valori dei primi cinque numeri naturali dispari e il corpo del ciclo stampa i quadrati di questi numeri.

Ora, torniamo all'esempio che ha iniziato questa sezione (da caos.py). Guarda di nuovo l'intestazione del ciclo:

```
for i in range (10):
```

Confrontando questo con il modello per il ciclo for mostra che l'ultima porzione, range(10), deve essere una sorta di sequenza. Si scopre che l'intervallo è una funzione Python incorporata per generare una sequenza di numeri "al volo". Puoi pensare a un intervallo come a una sorta di descrizione implicita di una sequenza di numeri. Per capire cosa fa effettivamente l'intervallo, possiamo chiedere a Python di trasformare un intervallo in un semplice elenco usando un'altra funzione incorporata, list:

```
>>> list(range(10))
# modifica range(10) in una lista esplicita
[0, 1, 2, 3, 4, 5, 6, 7, 8, 9]
```

Vedi cosa sta succedendo qui? L'espressione range(10) produce la sequenza di numeri da 0 a 9. Il ciclo che utilizza range(10) è equivalente a quello che utilizza un elenco di quei numeri.

```
for i in [0, 1, 2, 3, 4, 5, 6, 7, 8, 9]:
```

In generale, range(<espressione>) produrrà una sequenza di numeri che inizia con 0 e arriva fino al valore di <espressione>, ma non lo include. Se ci pensi, vedrai che il valore dell'espressione determina il numero di elementi nella sequenza risultante. In caos.py non ci importava nemmeno quali valori fossero utilizzati per la variabile di indice del ciclo.

Avevamo solo bisogno di una lunghezza della sequenza di 10 per far eseguire il corpo 10 volte. Come accennato in precedenza, questo modello è chiamato loop contatore ed è un modo molto comune per utilizzare loop definiti. Quando vuoi fare qualcosa nel tuo programma un certo numero di volte, usa un ciclo for con un intervallo adatto dove il valore dell'espressione determina quante volte viene eseguito il ciclo.

Il nome della variabile indice non ha molta importanza; i programmatori spesso usano i o j come variabile di indice del ciclo per i cicli definiti. Assicurati solo di utilizzare un identificatore che non stai utilizzando per nessun altro scopo perché altrimenti potresti cancellare accidentalmente un valore che ti servirà in seguito. La cosa interessante e utile dei cicli è il modo in cui alterano il "flusso di controllo" in un programma.

Di solito pensiamo ai computer come all'esecuzione di una serie di istruzioni in sequenza rigorosa. L'introduzione di un ciclo fa sì che Python torni indietro e faccia alcune istruzioni più e più volte. Dichiarazioni come il ciclo for sono chiamate strutture di controllo perché controllano l'esecuzione di altre parti del programma. Alcuni programmatori trovano utile pensare alle strutture di controllo in termini di immagini chiamate diagrammi di flusso.

Un diagramma di flusso è un diagramma che utilizza caselle per rappresentare parti diverse di un programma e frecce tra le caselle per mostrare la sequenza di eventi quando il programma è in esecuzione.

Se hai problemi a comprendere il ciclo for, potresti trovare utile studiare il diagramma di flusso. La casella a forma di diamante nel diagramma di flusso rappresenta una decisione nel programma. Quando Python arriva all'intestazione del ciclo, controlla se ci sono elementi rimasti nella sequenza. Se la risposta è sì, alla variabile dell'indice del ciclo viene assegnato l'elemento successivo nella sequenza, quindi viene eseguito il corpo del ciclo. Una volta completato il corpo, il programma torna all'intestazione del ciclo e controlla un altro valore nella sequenza. Il ciclo si chiude quando non ci sono più elementi e il programma passa alle istruzioni che seguono il ciclo.

# Capitolo 9: Oggetti e grafici

Finora abbiamo scritto programmi che utilizzano i tipi di dati Python incorporati per numeri e stringhe. Abbiamo visto che ogni tipo di dati poteva rappresentare un certo insieme di valori e ognuno aveva un insieme di operazioni associate. Fondamentalmente, abbiamo visto i dati come entità passive che state manipolate e combinate tramite operazioni attive. Questo è un modo tradizionale per visualizzare il calcolo, per costruire sistemi complessi, tuttavia, è utile avere una visione più ricca della relazione tra dati e operazioni.

La maggior parte dei programmi per computer moderni sono costruiti utilizzando un approccio orientato agli oggetti (OO). L'orientamento degli oggetti non è facilmente definito infatti comprende una serie di principi per la progettazione e l'implementazione del software. La programmazione grafica è molto divertente e fornisce un'ottima modalità per l'apprendimento degli oggetti. Nel processo, imparerai anche i principi della grafica per computer che sono alla base di molte moderne applicazioni. La maggior parte delle applicazioni che conosci probabilmente hanno una cosiddetta interfaccia utente grafica (GUI) che fornisce elementi visivi come finestre, icone (immagini rappresentative), pulsanti e menu. La programmazione grafica interattiva può essere molto complicata tanto che interi libri di testo sono dedicati alle complessità della grafica e delle interfacce grafiche.

Le applicazioni GUI di livello industriale vengono solitamente sviluppate utilizzando un framework di programmazione grafica dedicato. Python viene fornito con il proprio modulo GUI standard chiamato Tkinter. Per quanto riguarda i framework GUI, Tkinter è uno dei più semplici da usare e Python è un ottimo linguaggio per lo sviluppo di GUI del mondo reale.

Tuttavia, a questo punto della tua carriera di programmatore, sarebbe una sfida apprendere le complessità di qualsiasi framework GUI e, così facendo, non contribuirebbe molto agli obiettivi principali di questo capitolo, che sono di introdurti agli oggetti e ai principi fondamentali di computer grafica.

L'idea di base dello sviluppo orientato agli oggetti è di vedere un sistema complesso come l'interazione di oggetti più semplici. La parola oggetti viene qui utilizzata in un senso tecnico specifico. Parte della sfida della programmazione OO è capire il vocabolario.

Puoi pensare a un oggetto OO come a una sorta di tipo di dati attivo che combina dati e operazioni.

Per dirla semplicemente, gli oggetti conoscono cose (contengono dati) e possono fare cose (hanno operazioni). Gli oggetti interagiscono tra loro inviandosi messaggi. Un messaggio è semplicemente una richiesta a un oggetto di eseguire una delle sue operazioni. Considera un semplice esempio: supponiamo di voler sviluppare un sistema di elaborazione dati per un college o un'università, perciò, avremo bisogno di tenere traccia di molte informazioni.

Per cominciare, dobbiamo tenere un registro degli studenti che frequentano la scuola. Ogni studente potrebbe essere rappresentato nel programma come un oggetto quindi un oggetto studente conterrebbe determinati dati come nome, numero ID, corsi seguiti, indirizzo del campus, indirizzo di casa ecc. Ogni oggetto studente sarebbe anche in grado di rispondere a determinate richieste, ad esempio, per inviare una newsletter, dovremmo stampare un indirizzo per ogni studente. Questa attività potrebbe essere gestita da un'operazione stampaIndirizzoCampus.

Quando ad un particolare oggetto studente viene inviato il messaggio stampaIndirizzoCampus, esso stampa il proprio indirizzo. Per stampare tutti gli indirizzi, un programma eseguirà un ciclo sulla raccolta di oggetti studente e invierà a ciascuno a turno il messaggio stampaIndirizzoCampus.

Gli oggetti possono fare riferimento ad altri oggetti, nel nostro esempio, ogni corso del college potrebbe anche essere rappresentato da un oggetto. Gli oggetti del corso saprebbero cose come chi è il docente, chi sono gli studenti nel corso, quali sono i prerequisiti, quando e dove si tengono le lezioni del corso.

Un'operazione di esempio potrebbe essere aggiungiStudente, che fa sì che uno studente venga iscritto al corso. Lo studente da iscrivere sarebbe rappresentato dall'oggetto studente appropriato. I docenti sarebbero un altro tipo di oggetto, così come le aule e persino gli orari. Potete vedere come il successivo perfezionamento di queste idee potrebbe portare a un modello piuttosto sofisticato della struttura delle informazioni del college.

In qualità di programmatore principiante, probabilmente non sei ancora pronto per affrontare un sistema informativo universitario. Per ora studieremo gli oggetti nel contesto di una semplice programmazione grafica.

Con la shell Python aperta, la prima cosa che devi fare è importare il modulo Tkinter della GUI di Python:

```
>>> import tkinter as tk
```

```
>>> window = tk.Tk()
```

Una window è un'istanza della classe Tk di Tkinter, abbiamo creato una nuova finestra e l'abbiamo assegnata alla variabile window. Quando esegui il codice sopra, una nuova finestra si aprirà sullo schermo. L'aspetto dipende dal tuo sistema operativo e ora che hai una finestra, puoi aggiungere un widget. Usa la classe tk.Label per aggiungere del testo a una finestra. Crea un widget Label con il testo "Benvenuto in Python!" e assegnalo a una variabile chiamata saluto:

```
>>> saluto = tk.Label (text = "Benvenuto in
Python!")
```

La finestra che hai creato in precedenza non cambia e hai appena creato un widget Label ma non l'hai ancora aggiunto alla finestra. Esistono diversi modi per aggiungere widget a una finestra. In questo momento, puoi utilizzare il metodo .pack() del widget Label:

```
>>> saluto.pack()
```

Quando si usa il metodo .pack() di un widget in una finestra, Tkinter ridimensiona la finestra il più piccolo possibile pur includendo completamente il widget. Ora esegui quanto segue:

```
>>> window.mainloop()
```

Non sembra accadere nulla, ma si noti che un nuovo prompt non viene visualizzato nella shell. La funzione window.mainloop() dice a Python di eseguire il ciclo di eventi Tkinter. Questo metodo ascolta gli eventi, come i click sui pulsanti o la pressione dei tasti e blocca l'esecuzione di qualsiasi codice che viene dopo di esso fino alla chiusura della finestra su cui viene chiamato.

Vai avanti e chiudi la finestra che hai creato e vedrai un nuovo prompt visualizzato nella shell.

La creazione di una finestra con Tkinter richiede solo un paio di righe di codice ma le finestre vuote non sono molto utili!

Imparerai a conoscere alcuni dei widget disponibili in Tkinter per soddisfare le esigenze della tua applicazione.

Ecco un breve riepilogo:

| Label | Un widget utilizzato per visualizzare il testo sullo schermo |
|---|---|
| Button | Un pulsante che può contenere testo e può eseguire un'azione quando viene cliccato |
| Entry | Un widget per l'immissione di testo che consente solo una singola riga di testo |
| Text | Un widget di immissione di testo che consente l'immissione di testo su più righe |
| Frame | Una regione rettangolare utilizzata per raggruppare widget correlati o fornire un riempimento tra i widget |

Puoi consultare la documentazione di Tkinter per maggiori informazioni su come usare questi widget e come integrarli con la window.

Questo capitolo ha introdotto la grafica per computer e la programmazione basata su oggetti seppur in modo light per favorire l'apprendimento. Di seguito è riportato un riepilogo di alcuni concetti importanti:

- Un oggetto è un'entità computazionale che combina dati e operazioni. Gli oggetti hanno dati cose e possono eseguire delle azioni. I dati di un oggetto vengono memorizzati in variabili di istanza e le sue operazioni sono chiamate metodi;

- Ogni oggetto è un'istanza di una classe. È la classe che determina quali metodi avrà un oggetto e un'istanza viene creata chiamando un metodo detto costruttore;

- Si accede agli attributi di un oggetto tramite la notazione a punti (dot notation). Generalmente i calcoli con gli oggetti vengono eseguiti chiamando i metodi di un oggetto. I metodi di accesso restituiscono informazioni sulle variabili di istanza di un oggetto.

# Conclusione

Spero che questo libro ti abbia dato un assaggio di cosa sia l'informatica, correlata a Python. Come hanno mostrato gli esempi nei vari capitoli, l'informatica è molto più che semplice programmazione. Il computer più importante per qualsiasi professionista informatico è ancora quello che si trova tra le orecchie e si spera che questo libro ti abbia aiutato lungo la strada per diventare un programmatore. Lungo la strada, ho cercato di stimolare la tua curiosità sulla scienza dell'informatica e se hai imparato i concetti di questo testo, puoi già scrivere programmi interessanti e utili.

Dovresti anche avere una solida base delle idee fondamentali dell'informatica e dell'ingegneria del software, tutto il resto è a portata di click. Se sei interessato a studiare questi campi in modo più approfondito, posso solo dire "provaci", forse un giorno ti considererai anche un informatico, forse diventerai il nuovo milionario grazie al tuo software, forse creerai un'applicazione di successo; sarei felicissimo se il mio libro avesse giocato anche solo una piccola parte in questo processo.